S0-CCJ-309

VIOLINSONATE G-DUR OP. 96, AUS DEM 1. SATZ (SEITE 6)

Autograph

BEETHOVEN

SONATEN

FÜR KLAVIER UND VIOLINE

BAND II

NACH EIGENSCHRIFTEN, EINER ABSCHRIFT UND
DEN ORIGINALAUSGABEN HERAUSGEGEBEN VON
SIEGHARD BRANDENBURG

FINGERSATZ UND STRICHBEZEICHNUNGEN VON
HANS-MARTIN THEOPOLD
MAX ROSTAL

G. HENLE VERLAG MÜNCHEN

INHALT

BAND I
BAND II
Allegro con brio
Opus 12 Nr. 1
1.
D-dur · D major · ré majeur . . . . Seite 1
Allegro vivace
Opus 12 Nr. 2
2.
A-dur · A major · la majeur . . . . Seite 26
Allegro con spirito
Opus 12 Nr. 3
3.
Es-dur · E♭ major · mi♭ majeur . . . . Seite 46
Presto
Opus 23
4.
a-moll · A minor · la mineur . . . . Seite 71
Allegro
(Frühlings-Sonate) Opus 24
5.
F-dur · F major · fa majeur . . . . Seite 94
Allegro
Opus 30 Nr. 1
cresc. sf decresc.
6.
A-dur · A major · la majeur . . . . Seite 121
Allegro con brio
Opus 30 Nr. 2
cresc.
7.
c-moll · C minor · ut mineur . . . . Seite 144
Allegro assai
Opus 30 Nr. 3
cresc.
8.
G-dur · G major · sol majeur . . . . Seite 180
Adagio sostenuto
(Kreutzer-Sonate) Opus 47
9.
A-dur · A major · la majeur . . . . Seite 204
Allegro moderato
Opus 96
p dolce
10.
G-dur · G major · sol majeur . . . . Seite 253

VORWORT

Dieser erneut überprüften Ausgabe liegen folgende Quellen zugrunde: für die Sonaten op. 30 Nr. 1–3 die Eigenschriften und die Originalausgaben (Bureau d'Arts et d'Industrie, Wien 1803); für op. 47 (Kreutzer-Sonate) das Fragment eines Autographs (Takte 1–193 des 1. Satzes), eine Kopistenabschrift, die deutsche Originalausgabe (Simrock, Bonn 1805) und eine englische Erstausgabe (Birchall 1805); für op. 96 die Eigenschrift und die beiden 1816 im Juli bei Steiner, Wien, und im Oktober bei Birchall, London, erschienenen Originalausgaben.

Da das Teilautograph von op. 47 nur eine Vorform darstellt, kommt ihm als Quelle keine große Bedeutung zu. Von besonderer Wichtigkeit ist dagegen die vom G. Henle Verlag vor mehreren Jahren wiederaufgefundene Abschrift aus dem Büro des Kopisten W. Schlemmer. Sie wurde von Beethovens Schüler Ferdinand Ries und im Schlußsatz teilweise von Beethoven selbst sorgfältig überprüft und korrigiert. Sie diente dann als Stichvorlage für die Originalausgabe. Für die beiden Originalausgaben von op. 96 haben wahrscheinlich überprüfte Abschriften vorgelegen, die heute verschollen sind.

Bei der Textgestaltung wurden vornehmlich die Eigenschriften, bei op. 47 vor allem die Kopistenabschrift berücksichtigt. Gelegentlich haben jedoch auch die Originalausgaben den Ausschlag gegeben. So wurde etwa im 1. Satz der Sonate op. 96 in Takt 135 die Fassung der Originalausgaben zugrunde gelegt (vgl. dazu die Titeltafel). Aus den im Vorwort zu den Klaviersonaten dargelegten Gründen wurde als Zeichen für das Staccato auch hier einheitlich der Punkt gewählt. Ebenso wurde Beethovens ursprüngliche Schreibweise mit der die Bewegung der Linien so plastisch verdeutlichenden Verteilung der Noten auf die beiden Systeme wiederhergestellt.

Die Ausführung des Doppelschlags im ersten Satz der Kreutzer-Sonate (T. 95 und 416) ist nach der Quellenlage nicht völlig eindeutig. Die heute immer häufiger zu hörende Ausführung des unteren Nebentons als Ganztonschritt hat der frühere langjährige Leiter des Beethoven-Archivs in Bonn, Prof. Dr. J. Schmidt-Görg, überzeugend begründet.

Einzelheiten zu den Quellen und zur Textgestaltung finden sich in dem vom gleichen Herausgeber besorgten Band der neuen Beethoven Gesamtausgabe, in der einige Textentscheidungen anders getroffen sind. Die betreffenden Stellen werden hier zumeist durch Fußnoten erläutert.

PREFACE

This newly revised edition is based on the following sources: For the Sonatas of Op. 30, nos. 1–3, the autographs and the original editions (Bureau d'Arts et d'Industrie, Vienna, 1803); for Op. 47 ("Kreutzer" Sonata) the fragment of an autograph (measures 1–193 of the first movement), a manuscript copy, the German original edition (Simrock, Bonn, 1805), and the English original edition (Birchall, 1805); for Op. 96 the autograph and the two original editions, one published in July 1816 by Steiner, Vienna, and the other in October 1816 by Birchall, London.

Because the autograph fragment of Op. 47 is only a preliminary version, it is not of major importance as a source. Of major significance, however, is the manuscript copy from the offices of the copyist W. Schlemmer, which was discovered several years ago by the G. Henle Verlag. It was carefully revised and corrected by Beethoven's pupil Ferdinand Ries and, in parts of the last movement, by Beethoven himself. The original edition was prepared from this copy. Probably similar, revised copies, no longer extant, served for the two original editions of Op. 96.

In arranging the text regard was chiefly had to the autographs, and, for Op. 47, to the copy mentioned supra. Occasionally, however, preference was given to the original editions. Measure 135 of the first movement of Op. 96, for example, is based on the original edition (see Frontispiece). Dots have been used throughout to indicate staccato, for the reasons given in the Preface to the edition of the Piano Sonatas. Likewise, Beethoven's own manner of distributing the notes on the two staves so as to clarify the movement of the melodic lines has been retained.

As the sources stand, the execution of the turn in the first movement of the Kreutzer Sonata (B. 95 and 416) is not wholly free from doubt. Convincing reasons for the execution of the lower neighbouring note as a whole tone, a practice which is being followed nowadays more and more frequently, have been given by Prof. Dr. J. Schmidt-Görg, for many years head of the Beethoven Archives at Bonn.

Further details concerning the sources and also as regards the form of the text are to be found in this editor's volume of the new edition of Beethoven's Complete Works, where some textual dilemmas were resolved in a different manner. The cases in point are here mostly explained in footnotes.

PRÉFACE

La présente édition, revue à nouveau, repose sur les sources suivantes: pour les sonates op. 30 n°s 1–3, les autographes et les éditions originales (Bureau d'Arts et d'Industrie, Vienne, 1803); pour l'opus 47 (Sonate à Kreutzer), le fragment d'un autographe (mesures 1–193 du 1er mouvement), un manuscrit dû à un copiste, l'édition originale allemande (Simrock, Bonn, 1805) et une première édition anglaise (Birchall, 1805); pour l'opus 96, l'autographe et les éditions originales, parues toutes deux en 1816, l'une en juillet chez Steiner, à Vienne, l'autre en octobre chez Birchall, à Londres.

Comme l'autographe incomplet de l'opus 47 représente seulement un premier état, il n'a pas grand intérêt en tant que source. Par contre, le manuscrit provenant du bureau du copiste W. Schlemmer, qui fut retrouvé voici plusieurs années par les éditions G. Henle, revêt une importance exceptionnelle. Il fut soigneusement revu et corrigé par Ferdinand Ries, élève de Beethoven, et en partie par Beethoven lui-même dans le finale. Il servit alors de modèle pour l'édition originale. Quant aux deux éditions originales de l'opus 96, elles sont vraisemblablement fondées sur des copies revues qui ont disparu.

Lors de l'établissement du texte, on a tenu compte principalement des autographes; pour l'opus 47, avant tout, du manuscrit du copiste. A l'occasion toutefois, les éditions originales aussi ont été déterminantes. Par exemple, à la mesure 135 du premier mouvement de la sonate op. 96, on a pris comme base la version des éditions originales (cfr à ce sujet la planche de titre). Pour les raisons exposées dans la préface des sonates pour piano, on a adopté systématiquement le point comme signe du staccato. De même a été rétablie la disposition originale des notes propre à Beethoven, avec leur répartition sur les deux portées, qui précise de façon si plastique le mouvement des lignes.

Vu l'état des sources, l'exécution du gruppetto dans le 1er mouvement de l'opus 47 (mes. 95 et 416) ne peut être déterminée complètement sans équivoque. Le choix de la seconde majeure comme note auxiliaire du dessous, qui s'entend faire toujours plus couramment aujourd'hui, a été fondé de façon convaincante par le professeur Dr. J. Schmidt-Görg, qui fut longtemps directeur des Archives Beethoven à Bonn.

De plus amples détails touchant les sources et l'établissement du texte se trouvent dans le volume de la nouvelle édition intégrale de Beethoven fait par le même réviseur. Il y figure quelques leçons différentes, et les passages qu'elles concernent sont commentés ici par des notes en pied de page.

Bonn, Frühjahr 1978 SIEGHARD BRANDENBURG

SONATE

Dem Kaiser Alexander I. von Rußland gewidmet

Komponiert 1802

Opus 30 Nr. 1

tr
sf
cresc.
f
p
decresc.
(f)

pp
decresc.
pp
cresc.
p
sf
decresc.
p
cresc.
p
p
cresc.
cresc.
p
cresc.
1.
2.
p
fp
p
fp
cresc.
tr
cresc.
f
f
p
sf
decresc.
p
dolce
tr
tr
sf
p

100
sf
cresc.
p
cresc.
sf
sf
sf
sf
cresc.
106
p
sf
sf
cresc.
f
sf
sf
p
sf
cresc.
f
sf
sf
sf
sf
112
sf
sf
116
p
cresc.
sf
sf
p
cresc.
121
p
cresc.
p
cresc.

126
p
cresc.
f
p
cresc.
f
131
p
(f)
p
p
f
p
137
pp
pp
cresc.
142
te- - - nu- - - - - - te- - - - - - -
pp
cresc.
p
pp
cresc.
p
151
p
cresc.
sf
decresc.
fp
cresc.
sf
decresc.
fp

159
p
cresc.
tr
cresc.
tr
168
f
p
f
sf
p
f
sf
p
sf
f
sf
p
175
p
f
sf
sf
sf
sf
sf
182
p
sf
p
p
sf
p
decresc.
tr
189
tr
p
sf
sf
sf
sf
p

*) In Eigenschrift und Originalausgabe d^3 ohne ♯ und im folgenden Takt ohne ♮ entgegen Klavier T. 189.

In autogr. and orig.ed. d^3 has no ♯ and in the next b., no ♮, contrary to bar 189 of piano part.

Dans l'autogr. et l'éd. orig. *ré*^{3} sans ♯ et dans la mes. suivante sans ♮ à l'opposé de mesure 189 du piano.

218
p
p
f
decresc.
pp
pp
223
cresc.
(p)
sf
decresc.
p
cresc.
p
p
230
cresc.
p
cresc.
p
sf
237
sf
cresc.
cresc.
243
f
pp
f
pp

Adagio molto espressivo

Adagio molto espressivo

p *sf* *sf* *sf* *sf*

cresc. *p* *cresc.* *p* *sf* *cresc.* *p* *cresc.* *p* *sf*

sf *cresc.* *sf* *cresc.*

sfp *sfp* *cresc.* *cresc.* *p* *cresc.*

f *sf* *sf* *(decresc.)* *p* *f* *sf* *decresc.* *p* *cresc.* *cresc.*

24
sf
decresc.
p
tr
27
p
sf
cresc.
31
35
39
sfp
pp

p
sf
p cresc.
(p)
cresc.
sf
decresc.

62
cresc.
66
cresc.
70
cresc.
74
cresc.
78
sfp
pp
cresc.

82
p
cresc.
p
cresc.
86
p
cresc.
p
cresc.
90
sf decresc.
p
pp
sf
pp
94
cresc.
p
cresc.
p
cresc.
p
cresc.
p
99
f
p
decresc.
pp
pizz.
f
p
decresc.
pp
Ped.

Allegretto con Variazioni
p dolce
cresc.
sf
Allegretto con Variazioni
p dolce
7
sf
sf
p
p
cresc.
cresc.
14
sf
sf
sf
p
sf
sf
sf
p
21
cresc.
sf
p
cresc.
sf
p
27
cresc.
tr
cresc.
sf

Var. I
fp
cresc.
p

49 Var. II

p dolce

p

54

cresc.

cresc.

1. 2.

p *p*

57

p

cresc.

cresc.

62

decresc.

decresc.

1. 2.

p *p*

p *p*

65 Var. III

sf *sf* *sf*

sf *sf*

tr

*) *sf* nur in Eigenschrift, fehlt in Originalausgabe. *sf* in autograph, but not in original edition. *sf* seulement dans l'autogr., manque dans l'éd. originale.

Var. IV
81
p
cresc.
ff
ffp
88
1.
2.
cresc.
p
92
f
ff
Var. V
97
p
tr
cresc.
104

110
cresc.
decresc.
p
cresc.
decresc.
p
116
cresc.
decresc.
p
p
cresc.
decresc.
p
122
cresc.
sf
p
cresc.
sf
p
128
Adagio
sf
p
Tempo I
p
p
Adagio
sf
p
Tempo I
p
senza Ped.
134
p
cresc.
fp
cresc.
fp

decresc.
decresc.
pp
ppp
Var. VI
Allegro, ma non tanto
Allegro, ma non tanto
dolce
cresc.
dolce

161 tr cresc. cresc.

165 sf tr tr sf sf sf sf sf sf p p

169

172 cresc. sf (·) p cresc. sf cresc.

176 p

180
cresc.
sf
f
cresc.
f
sf
f
p
185
p
pp
pp
192
cresc.
sf
f
sf
tr
cresc.
sf
f
sf
pp
199
pp
pp
205
cresc.
decresc.
pp
cresc.
decresc.
pp

211
cresc.
sf
cresc.
sf
218
f
sf
tr
p
cresc.
f
sf
p
cresc.
223
p
cresc.
p
cresc.
228
p
cresc.
p
cresc.
p
cresc.
p
cresc.
p
cresc.
p
cresc.
233
f
ff
f
ff

SONATE

Dem Kaiser Alexander I. von Rußland gewidmet

Komponiert 1802

Opus 30 Nr. 2

*) Das in Eigenschr. u. Orig. Ausg. hier fehlende g^1 ist gemäß T. 148 beider Vorlagen ergänzt.

The g^1 lacking here in autogr. and orig. edition has been added, acc. to bar 148 of both texts.

Le *sol*[1] qui manque dans l'autogr. et l'éd. orig. a été ajouté d'après mes. 148 de ces deux textes.

sempre staccato
sempre staccato
sf
cresc.
cresc.
p
p
cresc.
cresc.
(sf)
decresc.
decresc.
p
cresc.
sf
cresc.
sf
p
sf
sf
sf
sf
f
f
p
sf
sf
cresc.
cresc.

56
f
ff
tr
sf
60
p
63
cresc.
66
70
(♭)
tr

75
p
pp
78
cresc.
cresc.
81
p
p
84
cresc.
cresc.
87
p
p

90
cresc. *cresc.*

93
fp *fp*

97
cresc. *cresc.* *p* *p*

100
sf *cresc.* *cresc.* *f* *f* *sf*

103
f *f* *sf*

106
sf
sf
sf
109
sf
sf
sf
112
p
cresc.
sf
decresc.
decresc.
115
pp
pp
cresc.
118
sf
decresc.
decresc.
p
p
decresc.
decresc.

121
pp
cresc.
124
ff
sf
129
p
cresc.
decresc.
pp
137
p cresc.
p
141
cresc.

144
147
152
157
162
cresc.
p (cresc.)
p cresc.
sempre staccato

167
sempre staccato
sempre staccato
p
172
cresc.
cresc.
sf
sf
176
p
(cresc.)
decresc.
p
p
cresc.
decresc.
p
180
cresc.
sf
cresc.
sf
sf
183
sf
sf
f
p
sf
sf
f
p

186
sf
sf
cresc.
cresc.
189
f
(ff)
sf
f
ff
sf
tr
193
p
tr
p
196
sf
sf
cresc.
cresc.
199
f
ff
tr
sf
f
ff
sf

203
tr
sf
ff
(•)
ff
sf
208
p
p
211
214
cresc.
cresc.
Ped.
217
ff
ff
p
sf
ff

221
pp
p
pp
225
cresc.
cresc.
230
p
cresc.
p
cresc.
233
f
ff
f
ff
236
sfp
fp

239
cresc.
cresc.
242
p
cresc.
p
cresc.
sf
245
sf
f
f
248
sf
sf
sf
sf
251
sf
ff
sf
ff
sf

Adagio cantabile
Adagio cantabile
p
cresc.
sf
p
p
cresc.
p
cresc.
p
cresc.
cresc.
sf
sf
(p)
p
cresc.
cresc.
p
p
cresc.
cresc.
decresc.
decresc.
p
cresc.
cresc. sf
p cresc.
sf
p cresc.

23
decresc.
p
cresc.
decresc.
p
(cresc.)
27
decresc.
p
cresc.
sf
p
cresc.
decresc.
p
cresc.
sf p
cresc.
31
decresc.
p
decresc.
p
34
cresc.
p
cresc.
cresc.
p
cresc.
37
p
cresc.
p
cresc.

40
cresc.
43
cresc.
46
decresc.
49
cresc.
pcresc.
52
decresc.
sf

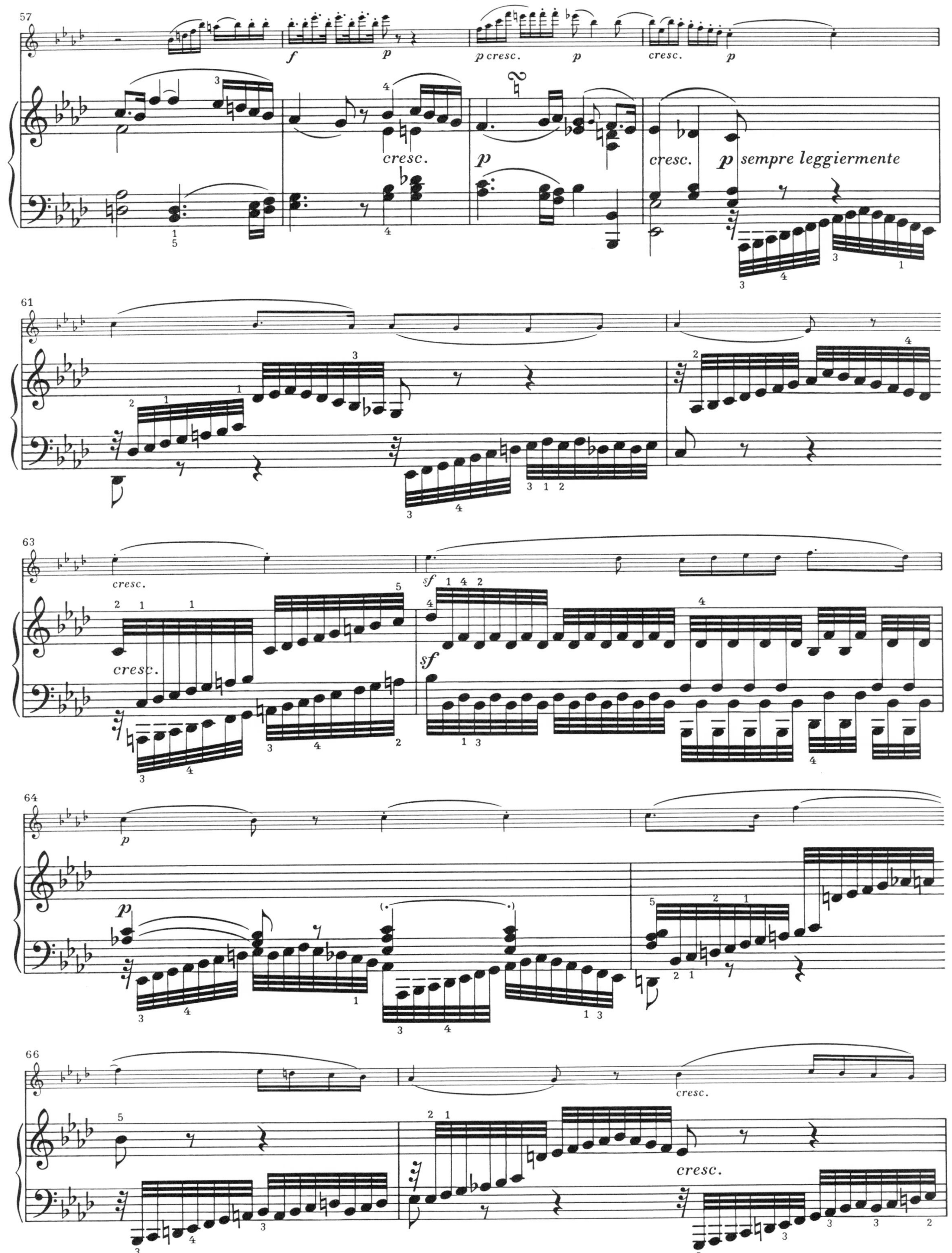
57
f
p
p cresc.
p
cresc.
p
cresc.
p
cresc.
p sempre leggiermente
61
63
cresc.
cresc.
sf
sf
64
p
p
66
cresc.
cresc.

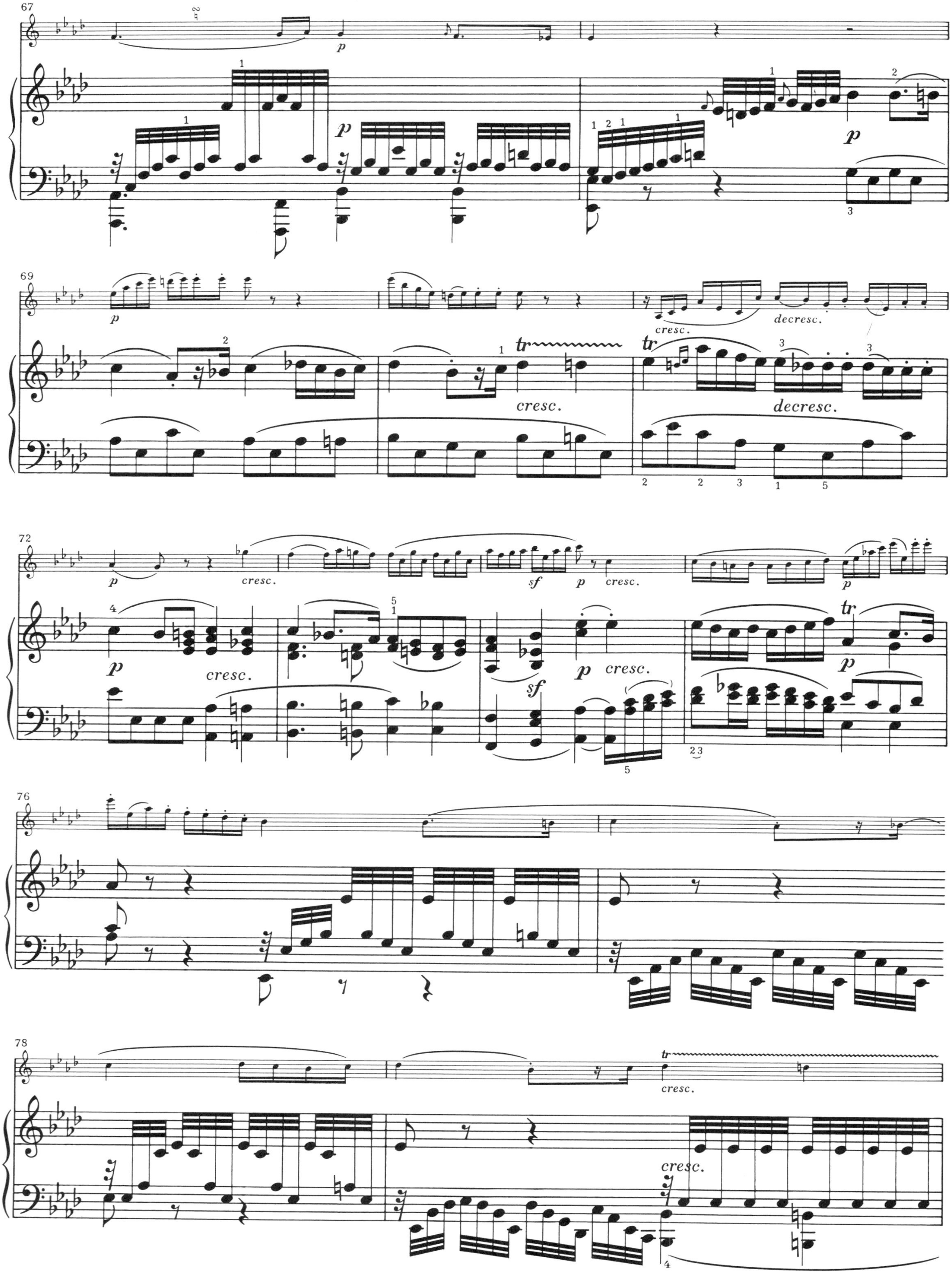

67 *p* *p*

69 *p* *cresc.* *cresc.* *decresc.* *decresc.*

72 *p* *cresc.* *sf* *p* *cresc.* *p* *cresc.* *sf* *p* *cresc.* *p* *p*

76

78 *cresc.* *cresc.*

79
tr
decresc.
decresc.
p
p
81
sempre leggiermente
82
cresc.
cresc.
84
tr
p
p
dolce
tr
pp
pp
87
ff
sf
sf
pp
pp
cresc.
cresc.
p
p

91
cresc.
tr
sf
p
dolce
tr
95
pp
ff
sf
97
sf
pp
cresc.
p
101
pizz.
cresc.

105
arco
p
tr
p cresc.
p
cresc.
cresc.
108
p
p
109
cresc.
cresc.
111
p
p
pizz.
pp
113
arco
cresc.
pp
cresc.
pp
Ped.

Scherzo
Allegro La prima parte senza repetizione
Allegro
p
sf
tr
9
(cresc.)
f
19
cresc.
26
decresc.

Trio
pp
sf
cresc.
f
p
tr

*) Die hier aus praktischen Erwägungen ausgeschriebene Wiederholung des Scherzos wird in den Quellen durch ein da capo verlangt, bei dem nach allgemeiner Aufführungspraxis die Wiederholungszeichen unberücksichtigt bleiben.

The repetition of the scherzo, here written out in full for practical considerations, is called for in the sources by a da capo sign for which, in accordance with the normal practice of execution, the repeats are to be disregarded.

Alors que les sources comportent seulement la mention da capo, des considérations pratiques ont conduit à reproduire ici le Scherzo en entier, mais comme il est d'usage, on ne tiendra pas compte des signes de reprise dans ce da capo.

93
sf
tr
(cresc.)
f
103
p
cresc.
110
decresc.
118
pp
126
cresc.

Finale

*) *p* in den Takten 43, 47, 61, 205, 209 und 223 in der Eigenschrift und der Originalausgabe unterschiedlich auf dem ersten oder zweiten Viertel.

In autograph and original edition the *p* in bars 43. 47, 61, 205, 209 and 223 is sometimes on the 1st and sometimes on the 2nd quarter-note (crotchet).

p dans les mesures 43, 47, 61, 205, 209 et 223 dans l'autographe et l'édition orig. différemment sur la première ou la deuxième noire.

69
75
81
cresc.
88
p cresc.
96
p cresc.
cresc.

105
p dolce (cresc.)
sf decresc.
p
cresc.
dolce
sf decresc.
p
cresc.
113
p
cresc.
sfp
sf
p
cresc.
121
p
cresc.
128
cresc.
f
sf
sfp
cresc.
f
sf
134
fp
p
fp
sf

140
sf
cresc.
cresc.
f
f
145
sf
sf
sf
ff
151
sf
sf
sf
sf
sf
sf
sf
sf
157
sf
sf
sf
sf
164
sf
sf
p cresc.
ff
cresc.
ff
p
p

172
p cresc.
ff
p
cresc.
cresc.
179
cresc.
(sf decresc.)
p
tr
185
cresc.
cresc.
sf
191
fp
cresc.
cresc.
196
f
sf decresc.
sf decresc.

201
p
cresc.
p
cresc.
p
207
cresc.
p
sf
cresc.
(p)
sf
sf
213
cresc.
sf
sf
f
decresc.
p
sf
cresc.
sf
f
decresc.
p
219
p
f
p
sf
p
f
p
sf
225
sf
cresc.
f
sf
sf
cresc.
f

231
sf
p
sf
f
f
f
fp
sf
237
p
sf
p
sf
242
pp
pp
248
cresc.
pp
cresc.
pp
255
(p) cresc.
ff
cresc.
ff
p
p
cresc.

262
(p) cresc.
ff
p espressivo
cresc.
ff
p con espressione

270
cresc.
decresc.
cresc.
decresc.

279
Presto
f
Presto
f

286
sfp
sfp

292
cresc.
cresc.

298
tr
304
310
cresc.
cresc.
cresc.
316
322
cresc.
cresc.

SONATE

Dem Kaiser Alexander I. von Rußland gewidmet

Komponiert 1802

Opus 30 Nr. 3

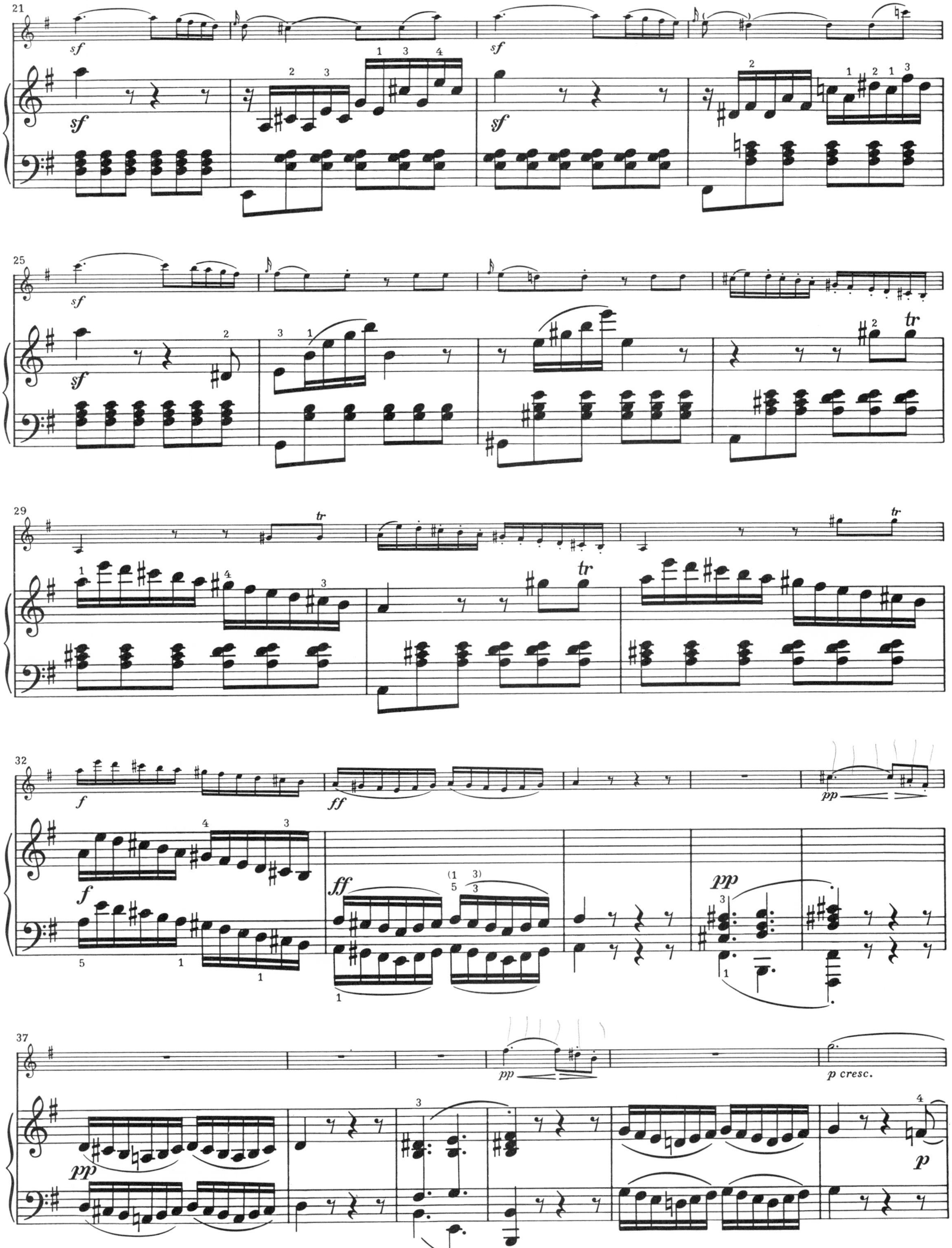
21
sf
sf
sf
sf
25
sf
sf
tr
29
tr
tr
tr
32
f
f
ff
ff
pp
pp
37
pp
pp
p cresc.
p

43
cresc.
cresc.
48
53
56
59

62
cresc.
cresc.
65
decresc.
decresc.
sfp
sfp
sf
70
Bow on string
sfp
sf
75
Bow on string
sf
sf
f
f
sf
sf
sf
sf
80
tr
p
p
sf
sf
sf
sf
sf
sf

83
sf
(p)
tr
(p)
sf
87
tr
p
sf
p
91
1.
2.
cresc.
93
(♮)
tr
sf
p
97
cresc.

101
tr.
sf
pp
105
109
114
cresc.
f
119
p
p dolce

125
cresc.
p dolce
132
cresc.
cresc.
tr
137
tr
tr
f
f
141
sf
sf
p
pp
148
pp
(p) cresc.
p
p

155
cresc.
cresc.
161
165
169
cresc.
cresc.
173
decresc.
decresc.

179
186
190
194
198
cresc.
cresc.

Tempo di Minuetto
ma molto moderato e grazioso
Tempo di Minuetto
ma molto moderato e grazioso
p
cresc.
tr
sf
decresc.
p
decresc.
cresc.
sf
decresc.
p
cresc.
sf
decresc.
p
cresc.
(p)
fp decresc.
pp cresc.

*) Das in fast sämtlichen späteren Ausgaben beim 1. Achtel stehende g^1 fehlt sowohl in Eigenschrift als auch in Orig. Ausgabe (ebenso T. 41, 130 u. 131).

The g^1 given with 1st eighth-note (quaver) in almost all later editions is found neither in autogr. nor orig. ed. (Same in b. 41, 130, 131.)

Le *sol*[1] sur la 1re croche, comme dans presque toutes les éd. ultérieures, manque aussi bien dans l'autogr. que dans l'éd. orig. (égalnt mes. 41, 130 et 131).

57 *sf* *decresc.* *p* *dolce*

decresc. *p* *sf* *sf* *sf*

62 *cresc.* *sf* *sf* *sf* *sf*

67 *p* *p dolce*

71 *cresc.*

75 *pp* *cresc.* *p*

pp *cresc.* *p*

79
pp
cresc.
pp
cresc.
p
p
84
cresc.
p
cresc.
cresc.
p
cresc.
89
p
p
cresc.
decresc.
p
p
cresc.
cresc.
96
(sf)
decresc.
p
tr
sf
decresc.
p
tr
102
cresc.
tr
sf
decresc.
p
cresc.
decresc.
p
cresc.

108
p
cresc.
sf
decresc.
sf
decresc.
cresc.
(decresc.
p)
(sf)
114
cresc.
fp
decresc.
pp
cresc.
120
cresc.
sf
decresc.
127
(sf)
134
fp decresc.
pp cresc.

141
p
tr
cresc.
145
sf
decresc.
(p)
dolce
150
155
cresc.
160
sfp
fp
sf

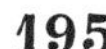

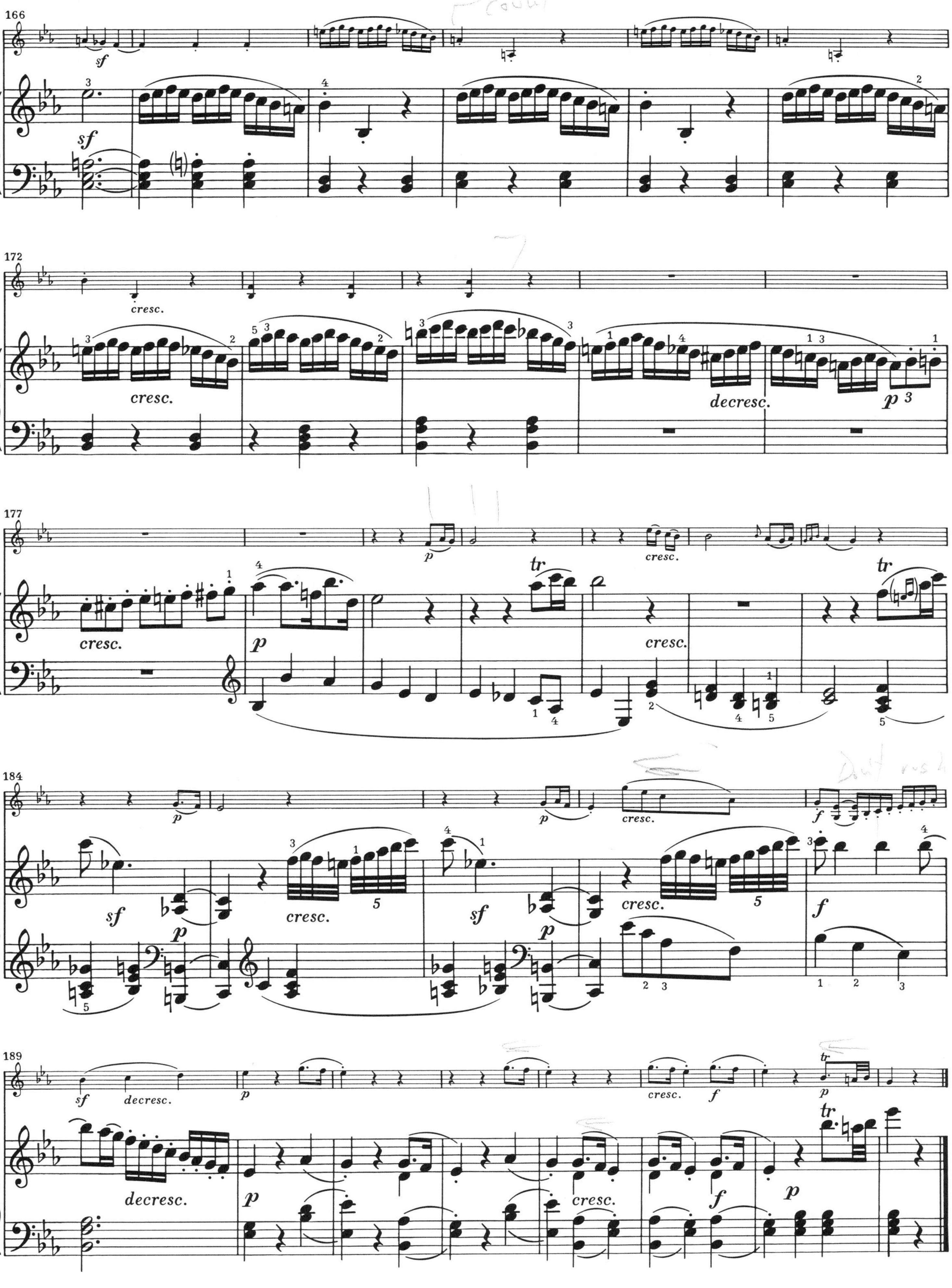
166
sf
172
cresc.
decresc.
p
177
tr
184
189
f

Allegro vivace

Allegro vivace

p leggiermente

p

5

10

cresc.

cresc.

p *leggiermente*

p

16

cresc.

cresc.

f

f

p

p

ten.

22

ten. ten. ten.

f

f

28
ten.
34
tr
39
45
cresc.
leggiermente
51
cresc.

cresc.
leggiermente

cresc.
f
tr
cresc.
f
sf
p
sf
sf
sf
ff
ff
tr
tr

111
sf
117
sf
123
fp
128
sf
p dolce
fp
decresc.
pp
(p) dolce
134
cresc.

decresc.
p
cresc.
p
leggiermente
cresc.
cresc.
cresc.
cresc.
f
p
cresc.
f

168
sf
sf
sf
sf
173
sf
sf
f
f
sf
f
sf
pp
179
p dolce
dolce
184
tr
tr
pp
189
pp
cresc.
cresc.
p
cresc.
tr

195
sf
sf
p cresc.
p
cresc.
sf
f
tr
sf
p cresc.
cresc.
201
206
211
216
cresc.
ff

SONATE

Rodolphe Kreutzer gewidmet

Komponiert 1802–03*)

*) Der Titel der Originalausgabe enthält den Zusatz: „*scritta in uno stilo molto concertante, quasi come d'un concerto.*" Näheres siehe KINSKY-HALM, Beethoven-Verz., S. 111.

The title of the original edition contained the additional phrase: "*scritta in uno stilo molto concertante, quasi come d'un concerto.*" For further details see KINSKY-HALM, Beethoven Cat., p. 111.

Le titre de l'édition originale contient ce supplément: «*scritta in uno stilo molto concertante, quasi come d'un concerto.*» Pour plus de détails voir KINSKY-HALM, Cat. Beethoven, p. 111.

31
rallent.
(a tempo)
cresc.
sf
sf
p
a tempo
cresc.
rallent.
sf
ff
Ped.
37
cresc.
sf
f
sf
p
cresc.
sf
f
(sf)
43
p
p
49
55

61
(f)
sf
67
72
ff
77
(m. d.)
83
tr

89
f
decresc.
p dolce
cresc.
102
p
115
Adagio
cresc.
Tempo I
sf
122
127
*) Siehe Vorwort See preface Voir préface

133
138
143
150
157
pizz.
arco
tr
sf
f
(sf)

*) ♯ nach Originalausgabe und Stichvorlage dazu; vgl. jedoch Takte 169, 486 und 490.

♯ according to original edition and engraver's copy; cf., however, bars 169, 486 and 490.

♯ d'après l'édition originale et la copie pour la gravure; cf. toutefois mesures 169, 486 et 490.

*) Stellung des *p* nach der Originalausgabe; in Stichvorlage dazu bereits auf dem 1. Achtel.

Position of *p* according to orig. edition; in engraver's copy given with the 1st eighthnote.

Position du *p* d'après l'édition originale; dans la copie pour la gravure déjà sur la 1ère croche.

280
sf
sf
(p)
sf
p
286
sf
sf
sf
sf
sf
sf
sf
sf
291
sf
(sf)
sf
ff
sf
sf
ff
297
ff
ff
ff
p
p
303
cresc.
cresc.

308
fp
(ri - tar - dan - - do)
(a tempo)
ri - tar - dan - do
a tempo
(f)
p decresc.
pp
314
cresc.
f
ri -
p decresc.
Ped.
321
tar - dan - do
pp
(a tempo)
a tempo
(pp)
p
329
(cresc.)
ral - len - tan - do
a tempo
cresc.
p
pp
337
cresc.
sf
sfp

345
ral - len - tan - do
cresc.
sf
sf
ral - len - tan - do
cresc.
sf
sf
354
a tempo
(f)
sf
sf
sf
(a tempo)
f
sf
sf
sf
sf
364
p
p
p
370
375

381
(f)
sf
386
391
ff
396
tr
401
m. d.

*) Siehe Vorwort

**) In Orig. Ausg. und Stichvorlage dazu steht das *p* erst zu Beginn von T. 442; s. jedoch T. 120.

See preface

In orig.ed. and engraver's copy the *p* is not found till the beginning of bar 442; however, see b. 120.

Voir préface

Dans l'éd. orig. et la copie pour la gravure le *p* pas avant le commencement de mes. 442; v. cependant m. 120.

443

449

455

461

467

pizz.

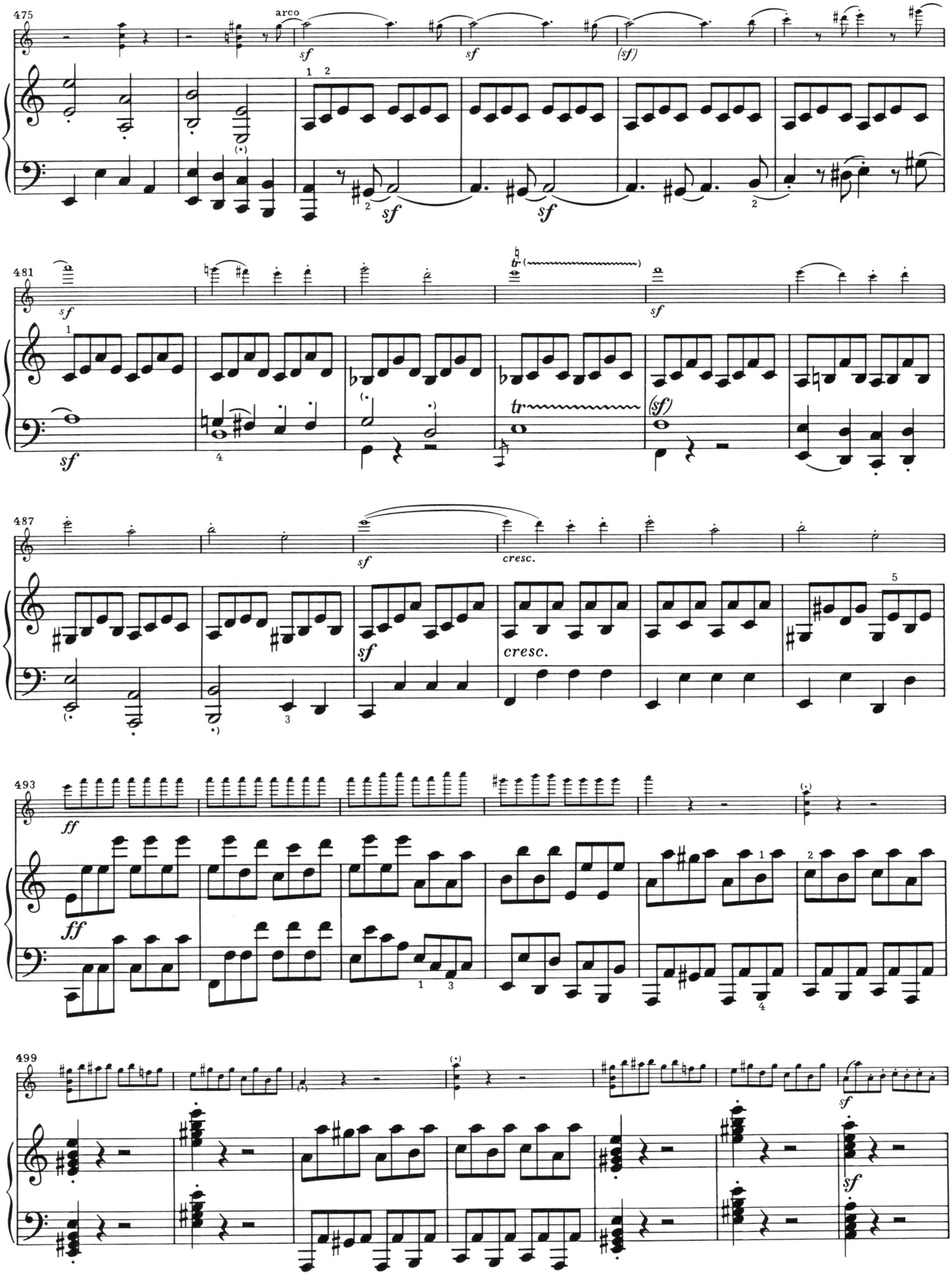

475 arco *sf* *sf* (*sf*) *sf* *sf*

481 *sf* tr tr *sf* (*sf*)

487 *sf* cresc. *sf* cresc.

493 *ff* *ff*

499 *sf* *sf*

506

513

520

526

532

★) T. 539–541: *sf* in Orig. Ausg. u. Stichvorl. erst auf letztem Taktviertel (wohl versehentl., s. Klav.).

Bars 539–541: *sf* in orig. ed. and engraver's copy on last quarter (perhaps inadvertently, s. piano).

Mes. 539–541: dans l'éd. orig. et la copie pour la grav., *sf* seulement sur dernier quart (v. piano).

541

549

559

decresc.

decresc.

568

575

Adagio

Adagio

Adagio

Tempo I

Tempo I

585
592
Andante con Variazioni
Andante con Variazioni
cresc.
8
cantabile
cresc.
cresc.
cresc.
16
cresc.
cresc.

tr
cresc.
p
sf
sf(p)
sfp

Var. I
55
sempre piano
tr
p
sf
cresc.
58
61
64

67
sf
70
(sf)
sf
sf
cresc.
74
sf
tr
p
sf
tr
cresc.
78
sf
sf

*) Klavierbaß nach der Stichvorlage zur Originalausgabe; in dieser schon ab Takt 82 Sechzehntel mit Zwischenpausen.

The bass (piano) according to engraver's copy for the orig. edition which from bar 82 on has 16th notes (semiquavers) with rests between.

Piano basse d'après la copie pour la gravure de l'édition originale; dans celle-ci doubles croches avec silences, déjà à partir de mes. 82.

93
sf
sf
sf
97
pp stacc.
(pp)
sf
sf
sf
sf
sf
sf
cresc.
cresc.
101
p
p
105
cresc.
sfp
(cresc.)
sfp
8
4
5

Var. III
Minore
Minore
p
cresc.
cresc.
sf
(p)
fp espress.
cresc.
p
sf
p
espress.
cresc.
p
p
p
cresc.
sf
cresc.

122
p
cresc.
sf
p cresc.
p
cresc.
sf
p cresc.
125
f
decresc.
(p) sf
sf
cresc.
sf
decresc.
p sf
sf
cresc.
128
p
cresc.
sf
p
cresc.
sf
132
(p)
fp espress.
(cresc.)
p
p espress.
cresc.
p
Ped.

Var. IV
136
Maggiore
Maggiore
dolce
6
138
tr
tr
140
pizz.
p
tr
tr
6
142
arco
p cantabile
cresc.
7
p

144
147
149
cresc.
p dolce
152
(p) dolce
cresc.

154
pizz.
156
158
sf
160
sf
sf
sf

162
cresc.
p
cresc.
(p)
164
arco
p
167
pizz.
cresc.
cresc.
170
arco
p
p

172
174
tr
tr
tr
176
sf
178
sf
180
sf
sf
tr
cresc.
cresc.

182
(p) cantabile
p

184

186

188
cresc.
p
dolce ed espressivo

192
(molto adagio
Tempo I)
p dolce
sf
(f)
molto adagio
Tempo I
sf
p
sf
f
Ped.
Ped.
Ped.

197
tr
(p)
(p)
200
tr
cresc.
p
sf
sf
204
sf
(p)
p
Ped.
208
Ped.
212
p
pp
cresc.
(pp)
cresc.
Ped.

216 sf p cresc. tr p 6 ten. sf p cresc. (p) Ped.

220 (pp) cresc. sf (pp) cresc. sf Ped. (✻)

223 p tr p p (p) 13

226 tr cresc. p sf sf tr cresc. p (sf) sf sf

231 sf cresc. p cresc. decresc. pp sf sf cresc. p decresc. pp

Presto
Presto
cresc.
cresc.
Ped.

38

45

sf (cresc.)

(f)

53

60

67

74
81
89
96
cresc.
cresc.
p
p
104
cresc.
cresc.
f
f
sf
sf
sf
sf

*) Takte 118–121: Bogen (Klavier oben und unten) in der Originalausgabe und der Stichvorlage dazu nur bis Taktende; in Takt 395–398 jedoch wie hier (teils ausdrücklich verbessert).

Bars 118–121: in the original edition and engraver's copy, slurs in piano part extend only to end of bar; however, in bars 395–398 as given here (some expressly corrected).

Mes. 118–121: Arc de liaison dans l'édition originale et la copie pour la gravure seulement jusqu'à la fin de la mesure; dans mes. 395–398 cependant comme ici (en partie expressément corrigé).

154
sf
sf
sf
sf
161
cresc.
cresc.
sf
sf
167
sf
sf
sf
sf
173
1.
p
1.
p
177
2.
p
cresc.
sf
sf
ff
2.
cresc.
sf
sf
ff

183
189
195
201
207
cresc.
cresc.

214
sf
f
221
228
p
236
245
cresc.
(p)
sf
f

253
p
p
260
cresc.
cresc.
267
p
pp
pp
275
283
ritardando
calando
pp
ritardando
calando
decresc.
pp
Ped.

291
a tempo
cresc.
sf
sf
sf
a tempo
cresc.
sf
sf
sf
298
cresc.
sf
sf
sf
p
cresc.
sf
sf
sf
p
305
cresc.
f
cresc.
f
312
f
f
319
p
sf
p
sf
(p)
sf
p

326
cresc.
cresc.
333
341
348
355

363
371
cresc.
p
379
cresc.
f
sf
387
(f)f
394
(ff)
Ped.

401
f
p
f
p
411
f
p
p ritard.
ritard.
422
a tempo
a tempo
tr
sf
f
cresc.
f
p
sf
Ped.
431
sf
sf
sf
sf
438
cresc.
cresc.
sf
(sf)

444
sf
sf
sf
sf
451
p
cresc.
cresc.
sf
p
sf
458
sf
sf
ff
ff
sf
sf
464
sf
sf
p
p
sf
470
sf
sf
sf
sf
sf
sf
cresc.
cresc.

*) Stichvorlage ♯, Originalausgabe ♮ (wie T. 484).

**) *gis¹-cis²-cis²* nach Originalausgabe und Stichvorlage dazu. Die Mehrzahl der landläufigen Ausgaben hat hier *gis¹-a¹-gis¹*.

Engraver's copy ♯, orig. ed. ♮ (like bar 484).

g♯¹-c♯²-c♯², according to original edition and engraver's copy. The majority of the conventional editions shows here *g♯¹-a¹-g♯¹*.

Copie pour la grav. ♯, éd. orig. ♮ (voir mes. 484).

sol♯¹-do♯²-do♯² d'après l'édition originale et la copie pour la gravure. La plupart des éditions courantes ont ici *sol♯¹-la¹-sol♯¹*.

*) Die *sf* hier und T. 531 nach Stichvorlage; die Originalausg. setzt in T. 527, 531 u. 533 jeweils nur ein in seiner Stellung ungenaues *sf*.

Both *sf* here and bar 531 acc. to engraver's copy whereas orig. ed. shows, bars 527, 531, 533, one *sf* only the position of which is indeterminable.

Les *sf* ici et mes. 531 d'après la copie pour la gravure; l'éd. orig. ne met chaque fois, mes. 527, 531, 533, qu'un seul *sf*, à une place non définissable.

SONATE

Dem Erzherzog Rudolph von Österreich gewidmet

Komponiert 1812

Opus 96

*) In der Eigenschrift und der Originalausgabe erstes Achtel: $\frac{a^1}{g^1}$ (Schreibversehen?).

In the autograph and original edition, first eighth-note (quaver) is $\frac{a^1}{g^1}$ (error in notation?).

La première croche dans l'autographe et l'édition originale: $\frac{la^1}{sol^1}$ (erreur d'écriture?).

31
36
40
45
49
f
p
sf
cresc.
sfp
ritard.
a tempo

53
cresc.
sfp
ritard.
58
a tempo
62
tr
67
f
sf
72
p
p (dolce)

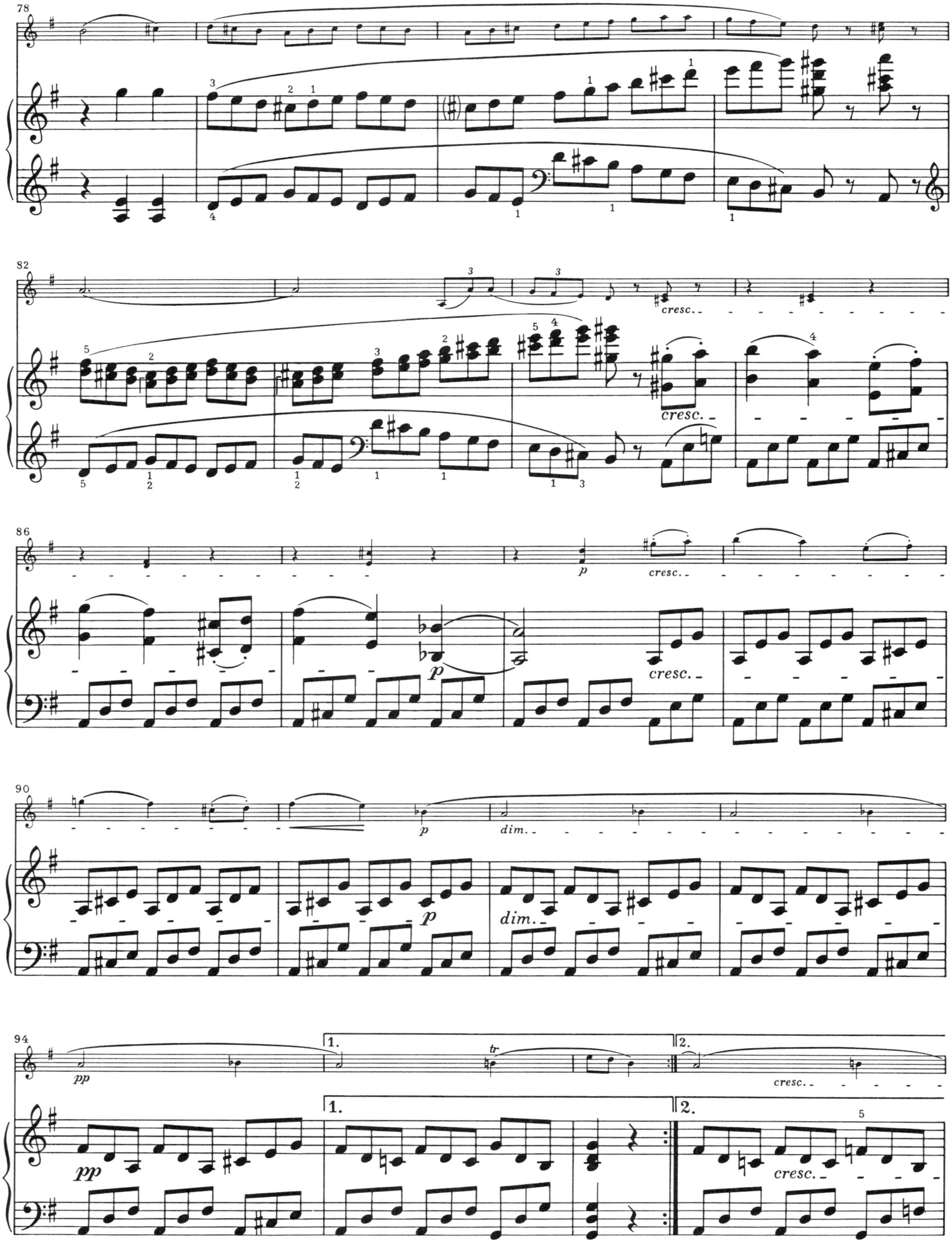
78
82
cresc.
86
p
cresc.
90
p
dim.
94
pp
1.
2.
tr
cresc.

p
dim.
pp
cresc.
sempre p

*) Bogen nach der Eigenschrift; in Originalausgabe neuer Bogen ab zweitem Viertel.

Slur according to autogr.; in orig. edition new slur from second quarter note.

Arc de liaison d'après l'autogr.; dans l'édition originale nouvelle liaison à partir de 2e noire.

*) ♭ fehlt in Eigenschrift und Orig. Ausgabe; s. hierzu Zeitschrift „Die Musikforschung" 1952, Heft 1 u. 4.

**) es[1] nach Eigenschrift und Orig. Ausgabe statt d[1], wie in späteren Ausgaben; vgl. auch Violine T. 19.

♭ lacking in autograph and original edition. See "Die Musikforschung" 1952, Nos. 1, 4.

e♭[1] according to autogr. and orig. ed., instead of d[1] as in later editions. Cf. also bar 19, violin.

Le ♭ manque dans l'autographe et l'édition orig.; voir «Die Musikforschung» 1952, cahier 1 et 4.

mi ♭[1] d'apr. l'autogr. et l'éd. orig. au lieu de ré[1] comme dans des éd. ultres; cf. aussi m. 19 au violon.

170
sf
sf
p
sf
sf
p
175
179
p
183
cresc.
sfp
cresc.
sfp
ritardando
ritardando
188
a tempo
a tempo

192
cresc.
sfp
ritard.
cresc.
sfp
ritard.
197
a tempo
a tempo
201
tr
205
cresc.
tr
cresc.
f
sf
sf
211
p
p dolce

217
222
cresc.
cresc.
226
p
p
cresc.
cresc.
230
p
p
dim.
dim.
pp
pp
235
tr
tr

*) Fingersätze in Kursivsatz nach der Eigenschrift und der Originalausgabe.

Fingering in italics according to the autograph and the original edition.

Le doigté en italique d'après l'autographe et l'édition originale.

*) Der in der Eigenschrift und nach ihr in der Originalausgabe enthaltene Viertelnotenwert im Baß dürfte auf einem Versehen beruhen.

The bass quarter note found in the autograph and, accordingly, in the original edition could well be due to inadvertance.

En tant que valeur de note, la noire reproduite ici d'après l'autographe et l'édition originale pourrait provenir d'une inadvertance.

16
molto dolce
Ped. (✻ Ped.) ✻ Ped. ✻ Ped. ✻ Ped. ✻ Ped. ✻
Ped. ✻ Ped. ✻
20
cresc.
p
cresc.
p
Ped. ✻ Ped. ✻
23
cresc.
p
cresc.
p
cresc.
cresc.
26
29
p
dim.
p
dim.

33
36
cresc.
semplice
mezza voce
cresc.
p
cresc.
41
45
(𝄾)
Ped.
50

Attacca lo Scherzo

Scherzo
Allegro
sfp
Allegro
sfp
Trio
(p) dolce
p dolce

36
45
cresc.
cresc.
55
dim.
dim.
65
75
p dim.
p dim.
pp
pp
Ped.

84

*)

89

95

*) Die Wiederholung des Scherzos wurde wie in Orig. Ausg. ausgestochen gemäß handschr. Anweisung Beethovens in Eigenschrift.

The repetition of the Scherzo was, as in orig. ed., recorded in full following a written direction of Beethoven's contained in the autograph.

La reprise du scherzo a été gravée, comme dans l'éd. orig., sur la base d'une indication manuscrite de Beethoven conservée dans l'autographe.

106
sfp
sfp
sfp
sfp
111
sfp
sfp
sfp
Coda
116
sfp
sfp
sfp
sfp
sfp
123
sfp
sfp
sfp
tr
cresc.
f
cresc.
f

*) Die unterschiedliche Artikulation dieses Motivs und seiner Wiederholungen (Vl. u. Kl.) gem. Eigenschrift.

Different articulation of this motif and its repetitions (viol. and piano) according to autograph.

La différente articulation de ce motif et de ses répét. (viol. et piano) d'après l'autographe.

sempre f

57
64
70
76
sempre p
sempre p
p dolce
82

*) In fast sämtl. späteren Ausgaben hier: *un poco ritenuto*. Nicht in Eigenschr. u. Orig. Ausg.; *a tempo* in T. 101 wohl durch das *espressivo* T. 97 veranlaßt.

Nearly all later editions have here: *un poco ritenuto*. Not in autogr. or orig. edition; *a tempo* in bar 101 probably due to *espressivo* in bar 97.

Dans presque toutes les éd. ultérieures ici: *un poco ritenuto*. Pas dans l'autogr. et l'éd. orig.; *a tempo* mes. 101 prob[t] provoqué par l'*espressivo* mes. 97.

113
f
p dolce
119
p
f
125
f
p
131
f
p

*) „langsam" nicht in der Eigenschrift, nur in der Originalausgabe.

"langsam" (=slow) not in the autograph, only in the original edition.

«langsam» (=lent) pas dans l'autographe, seulement dans l'édition originale.

*) Achtel (2. Takthälfte) nach der Originalausgabe; in der Eigenschrift Sechzehntel.

In second half of bar, 8th notes (quavers) as in original edition; the autograph has 16th notes (semiquavers).

D'après l'édition orig. (2e partie de la mesure): croches; d'après l'autographe: double croches.

157
cresc.
cresc.
p
cresc.
p
160
dim.
dim.
162
pp
pp
cresc.
ritard.
cresc.
(ritard.)
164
Tempo I
p dolce
cresc.
p
Tempo I
p dolce
cresc.
p

*) In Eigenschr. u. nach ihr in Orig. Ausg. g² (Schreibversehen?); vgl. T. 174, 178 (Klav.), 182, 184 (Viol.).

In autogr. and orig. ed. based thereon: g² (error in notation?); cf. b. 174, 178 (piano) and 182, 184 (viol.).

Dans l'autogr. et d'après elle dans l'éd. orig. *sol*² (faute d'écriture?); cf. mes. 174, 178, 182, 184.

*) Letztes Diskantachtel nur in Eigenschrift mit Oberterz; ebenso Takt 201.

Last eighth note of treble shown in autograph only with upper third; likewise bar 201.

Dernière croche avec tierce supérieure seulement dans l'autographe; de même mesure 201.

**) 2. Achtelnote in Eigenschrift, Originalausgabe und Frühdrucken: G. In neueren Ausgaben (in wohl unzulässiger Angleichung an Takt 222) zumeist Gis. Vgl. auch Takte 234 ff.

2nd eighth-note in autogr., orig. ed. and early impressions: G. In more recent editions (probably in inadmissable assimilation to bar 222) usually G♯. Cf. also bars 234 ff.

2e croche dans l'autogr., éd. orig. et impressions anciennes: Sol. Dans éditions plus récentes, le plus souvent Sol ♯ (assimilation impraticable à mesure 222). Cf. aussi mes. 234 et suivantes.

230
238
pp
cresc.
f
245
p
cresc.
250
p
255
cresc.

*) Zum Fingersatz s. O. Jonas, Acta Musicologica, 1965, S. 89.

**) Die beiden *staccato*-Zeichen finden sich nur in der Eigenschrift, nicht in der Originalausgabe.

With respect to the fingering, s. O. Jonas, Acta Musicologica, 1965, p. 89.

The two *staccato* marks only in the autograph, not in the original edition.

Pour le doigté v. O. Jonas, Acta Musicologica, 1965, p. 89.

Les deux signes de *staccato* seulement dans l'autographe, pas dans l'édition originale.

Printed in Germany